DISCOURS

Prononcé le 20 décembre 1885

A LA RENTRÉE DE LA

CONFÉRENCE DES AVOCATS STAGIAIRES

PAR

M. ASTRIÉ-ROLLAND

Bâtonnier de l'Ordre des Avocats à la Cour d'appel
de Toulouse.

TOULOUSE
IMPRIMERIE F. TARDIEU
1, RUE DU MAY, 1

1885

DISCOURS

Prononcé le 20 décembre 1885

A LA RENTRÉE DE

LA CONFÉRENCE DES AVOCATS STAGIAIRES.

PAR

M. ASTRIÉ-ROLLAND

Bâtonnier de l'Ordre des Avocats à la Cour d'appel
de Toulouse.

TOULOUSE

IMPRIMERIE F. TARDIEU

1, RUE DU MAY, 1

1885

DISCOURS

Prononcé le 20 décembre 1885 à la rentrée de la

CONFÉRENCE DES AVOCATS STAGIAIRES

Monsieur le premier président,
Messieurs,

Je dois ma première parole à l'expression de ma gratitude envers l'Ordre, dont la bienveillance fut vraiment généreuse pour moi.

Moins jaloux, cette fois, de considérer le mérite et l'éclat du nom, l'Ordre m'a élevé à la dignité de bâtonnier : ce titre suprême que défèrent des égaux, cet honneur délicat qu'on obtient sans l'avoir recherché, comme on le rechercherait sans l'obtenir.

Plus sage, je devais décliner une faveur si haute. Comment supporter les comparaisons ?

Le respect qui s'attache à vos décisions, mes chers confrères, et la grâce indulgente de vos procédés, m'ont cependant vaincu. Vous me faites aimer jusqu'à mon imprudence. Je reste votre heureux captif!..

J'espère vous offrir mon meilleur remerciement en me vouant de tout cœur aux devoirs que votre confiance impose. Ils ne me restèrent pas inconnus dans l'exercice des fonctions dont je fus honoré avant ce jour. Je sais qu'ils deviennent plus faciles avec la collaboration du conseil de l'Ordre. Ils deviennent charmants à la Conférence du stage.

Dans le Conseil, je me suis réjoui de voir rentrer cette année un confrère distingué qui lui avait appartenu déjà, et dont les sentiments ne nous sont pas moins précieux que son expérience, M⁰ Pujos. — Je m'applaudis aussi de rencontrer à ses côtés le confrère plus jeune et si digne à son tour, M⁰ Puget, qui a sur nous l'enviable avantage de porter son titre pour la première fois.

Ils succèdent à ceux dont la retraite volontaire eut, selon nos heureux précédents, le but élevé d'ouvrir largement l'accès de nos honneurs, ainsi qu'il convient dans un Ordre où l'esprit d'égalité et de justice forme le premier apanage : j'ai nommé M⁰ Faure (d'Avignonet) et M⁰ Massol. — A l'hommage que mérite le dévouement à nos règles, qu'il me soit permis d'ajouter pour eux le témoignage des regrets qu'ils ont, en s'éloignant, laissés à leurs collègues.

Mais dans ces exemples touchants, dans ces délicats échanges des situations, je suis heureux surtout de signaler le gage de l'harmonie et de l'entente qui règnent, et ne peuvent que grandir, dans nos rangs.

Nul de nous n'a oublié, après les avoir recueillis avec tant de faveur, les enseignements aimables que, l'an dernier, mon cher prédécesseur (1) faisait entendre, au milieu des applaudissements, sur les charmes de la confraternité, notre vertu favorite, j'allais dire théologale !

Combien il me sera doux de chercher mon inspiration dans ces exhortations bienfaisantes ! Je les renouvellerai sans cesse par le précepte et par l'exemple.

Les sentiments que font naître la cordialité et l'amitié eurent toujours ma prédilection ; ils auront tous mes services.

Je me plairai à les développer dans l'âme de ceux qui viennent, et dont l'accession journalière nous apporte à son tour les chaudes et généreuses effluves de la jeunesse.

Ainsi, pour le bien de l'union confraternelle,

(1) Me Pillore.

j'ose me promettre le concours dévoué de tous ; et cet appel, j'en ai l'espérance, ne demeurera pas sans échos !

Je parlais des jeunes. Cette journée est la leur. C'est pour les avocats et les lauréats du stage que cette réunion choisie s'est formée. Nous sommes leurs hôtes, Messieurs, — vous leur avez fait cette joie et vous nous avez fait cet honneur, pour suivre fidèlement l'usage, si cher à l'Ordre, que la Cour elle-même voulut nous aider à fonder, et qu'elle se plaît à maintenir.

A eux donc l'éclat de la fête ; à eux la parole, bientôt.

Mais la tradition veut que le Bâtonnier rappelle, dans un entretien familier et discret, les règles et les devoirs de notre état.

Messieurs, il est devenu difficile de reproduire, surtout de rajeunir, ce qui fut exprimé tant de fois par la voix des anciens, sur l'avocat et sur la vie du barreau. Trop de chefs-d'œuvre ont honoré, en l'épuisant, le plus attrayant des sujets.

Le temps présent, ce novateur actif, l'aura-t-il touché de son aile, et lui aura-t-il, par son influence, refait une... originalité? — On peut essayer cette recherche.

Sur le passé, peu de mots doivent suffire.

La défense en justice, mes jeunes confrères, est de tous les pays, comme elle fut de tous les âges.

Ses formes purent être diverses, mais ses origines sont dans le droit naturel. Le faible se réfugie auprès d'un plus fort.

Ses éclipses furent passagères.

Quant à son histoire titrée, vous la retrouverez partout, depuis les modèles de Démosthène et de Cicéron jusqu'à l'ingénieux Dialogue des avocats au Parlement de Paris, que couronnèrent avec tant d'éclat, dans nos siècles plus lettrés, les harangues des grands magistrats français, la parole de nos avocats illustres, et le suffrage de nos meilleurs écrivains.

C'était le *bien dire* et avant lui le *bien faire* ; c'était le talent dirigé par la vertu, que Caton demandait à l'orateur romain.

Loysel rapporte comment les avocats reprirent *aux plaids* la place des *champions de bataille*, après saint Louis et la suppression des duels.

Déjà Barthole avait établi en principe : qu'après dix ans d'exercice, le docteur en droit devenait *chevalier* : « *Per decennium effici militem ipso facto* ».

Ainsi se forma l'*Ordre* des avocats. La Loi est sa devise. Il est, à son tour, la milice du droit et de l'honneur, l'image de l'indépendance, l'effroi de l'injustice.

Il est l'appui du faible, et le gardien fidèle de la défense.

Le barreau moderne devint naturellement une puissance, et bien mieux, une des premières institutions sociales.

S'il traversa des jours d'orage, ce fut pour sortir de l'épreuve plus grand encore et plus fort. Il eut cette nouvelle affinité avec la magistrature. Leurs destinées ne sont-elles pas inséparables ?

Aujourd'hui, l'Ordre des avocats a touché son apogée. Comment, en effet, s'élèverait-il encore ?

Pensez-vous, Messieurs, que ces magistrats, devenus historiques, qui estimaient s'honorer eux-mêmes en honorant le barreau, aient disparu sans laisser d'héritiers ?

Même à ne relire que les discours prononcés aux dernières audiences de rentrée, que voit-on ?

Au milieu de nous, M. l'avocat général (1) n'a pas seulement montré, dans son *Etude des Réformes pénales*, comment l'austérité des devoirs se peut allier, pour un esprit élevé, avec les inspirations de l'humanité et de la conscience. — Il a rendu, mes chers confrères, le plus loyal hommage à vos succès multipliés en justice criminelle, lorsqu'il demandait à la loi de venir en aide au réquisitoire, pour certaines accusations, en modérant

---

(1) M. l'avocat général Jordain.

quelques pénalités et faisant elle-même, par anticipation, — quoi donc? — ... la part de la défense..., qui, sans cela, va gagner encore la victoire entière !

A la Cour de Paris, l'honorable orateur du Parquet s'est rappelé, sans doute, l'heureux mot d'un de ses devanciers de haut renom, Antoine L. Séguier (1), qui prétendait obligeamment « ne s'appeler avocat général que pour être » le *général des avocats* (2). » Il a mis les avocats à l'ordre du jour. — Voici l'appel : « *Le Barreau, vu du siège du magistrat.* »

Combien nous devons de reconnaissance à ce magistrat distingué et bienveillant ! Il s'est aidé, pour sa revue, du prisme le plus favorable. Et c'est dans un gracieux mirage qu'il a vu lui-même et fait voir les hommes et les choses de la barre.

Sa louange, il est vrai, s'adressait au grand barreau de Paris. Mais comment en mesurer le rayonnement ? Il devait naturellement s'étendre au barreau français tout entier. Vous en avez ainsi, mes chers confrères, reçu vous-mêmes l'agréable atteinte.

Vous êtes donc, chers stagiaires, justement fiers

---

(1) Dupin aîné. *Profession d'avocat*, discours de 1829.
(2) *Ibidem.*

d'appartenir à la profession. Et vous brûlez de vous montrer dignes d'elle !

Vous avez les beaux sentiments. Vous avez l'aptitude. Il reste à conquérir le mérite. Mais à quel prix ?

Le mérite, ici, n'a rien de vulgaire ni de banal. Sa base est le savoir. Le travail est donc sa source. Un travail opiniâtre, incessant !

Le droit et la jurisprudence sont votre premier domaine. Cultivez d'abord ce champ.

Mais, appelés à discuter sur toutes choses, vous vous appliquerez sans doute à tout apprendre, non par des impressions vagues ou douteuses, mais par une notion sérieuse et durable, susceptible d'être aisément approfondie à l'heure voulue.

Tout apprendre aujourd'hui ! Quel devoir ! Et comment l'envisager sans inquiétude ? Ah ! combien vos résolutions doivent être viriles et réfléchies ! Et comme il importe, plus que jamais, de vous recueillir et de bien mesurer vos forces avant d'entrer dans la carrière! —Vous trouveriez si aisément des chemins plus faciles et des sentiers plus fleuris !

C'est un siècle absorbant et fiévreux que le nôtre. —Il marche en vrai géant, depuis sa naissance, et le voici vers sa fin, semant à chaque pas les doctrines, les systèmes, les découvertes, —les Régimes et les Gouvernements, les Institutions qui se suivent sans se ressembler,—enfin, une législation toujours en travail, dont les enfantements ne veulent rien laisser en dehors de son action ardente. Il faudra se jeter vivement dans cette mêlée et s'y débattre. C'est le tourbillon.

Notre vieille science naïve et sereine, celle que recommandaient méthodiquement nos paisibles ancêtres, pourrait-elle répondre aux exigences de ce mouvement continu et sans cesse grandissant ?

Certes, vous ne méconnaîtrez jamais l'autorité souveraine du Droit Romain, — il est toujours la raison écrite et la grande lumière — ni les mérites du Droit Coutumier, entré avec lui dans la belle transaction qui fit l'unité et forma notre Code. — Vous continuerez à payer de larges tributs à la Philosophie et aux Sciences, à la Littérature et aux Arts, à l'Histoire générale et à l'Histoire juridique.

Mais vous vous familiariserez hardiment, il le faut, avec les conceptions et les nouveautés contemporaines, vous les considèrerez de front, vous leur demanderez leurs secrets, et saurez vous en rendre maîtres !

Devant cette variété infinie de textes et de questions, quelle œuvre et quel effort que ceux de la

Doctrine et de la Jurisprudence actuelles ? Nous avons le devoir de les suivre, parfois de les précéder, leur prêtant une attention soutenue et patiente, parcourant sans relâche leurs monuments si divers, dont l'avocat ne saurait se désintéresser dans aucune mesure.

Le droit administratif a marqué plus nettement ses progrès.

La justice, dans ses diverses juridictions, résout aussi les problèmes techniques, si originaux et devenus si nombreux de nos jours. Un monde encore ! — Nous ne sommes pas, nous ne pouvons être des spécialistes. Nous n'en devons pas moins, lorsqu'il y échet, pénétrer à fond leurs intéressants mystères et accepter la mission de les vulgariser avec clarté, avec exactitude.

La loi du travail, mes jeunes confrères, loin de s'alléger, vous le voyez, nous est devenue encore plus sévère. —Il serait injuste de ne pas reconnaître qu'elle procure, en revanche, des jouissances d'autant plus élevées et d'autant plus vives, à l'avocat qui a fait vœu de la suivre.— Ceux de nos maîtres dont vous admirez chaque jour le talent, en vous les proposant pour modèles, l'ont ainsi connue et observée. Telle ils l'aiment, et avec passion, parce qu'ils ont aussi l'amour de leur état !

Mais vous avez remarqué de plus le goût littéraire qui les distingue et les formes si pures de leur langage. Il n'est pas jusqu'à cette élégance et jusqu'à cette grâce qui ne soient, elles-mêmes, le fruit de l'étude et du travail. — Vous savez que Racine faisait difficilement ses vers les plus faciles.

Je vous vois instruits, savants. Le travail ne vous a pas libérés pour cela. Vous allez appliquer aux affaires les abstractions de la théorie. —Voici le procès. Voici le dossier, avec le client. La spéculation était le rêve ; le procès est la vie réelle. Après avoir pâli sur les livres, vous vous courbez sur le grimoire et sur les notes du plaideur. Vous entendez ses explications.

Cette fois on travaille avec vous. Votre soin devient minutieux. Votre patience subit parfois des épreuves. Ne faiblissez pas. Ne négligez rien. Toute défaillance serait comme un manquement à la probité professionnelle (1). En acceptant l'affaire, vous vous êtes donné tout entier, — dans la mesure du juste et du vrai (2). — Le serment imposé par Justinien aux avocats porte : « *Nihil studii sui relinquentes, quod sibi possibile* » (3).

Mais l'*actualité* vient, ici comme ailleurs, vous imposer les redoublements de zèle.

---

(1) Liouville, *Profession d'avocat*, discours de 1857.
(2) *Ibidem*.
(3) L. 14. C. § 1. *De judiciis*.

Loin de moi le dessein de dresser devant vous l'inventaire de nos dernières lois. Le nombre en est considérable. Leur importance vous est connue.

Si ma pensée s'arrête un instant sur la *Loi de la Presse*, féconde, elle aussi, en règles nouvelles, avec ses déclinatoires, ses prescriptions abrégées, ses interprétations de tout genre, c'est pour vous signaler qu'ici du moins, vous aurez la bonne fortune de vous aider d'un Commentaire autorisé, deux fois précieux pour nous, dont je ne puis vraiment louer l'auteur de si près (1). Vous devez cependant à sa générosité, qui ne saurait fuir ce remerciement, l'avantage de trouver l'œuvre, dignement classée, dans la bibliothèque de l'Ordre.

Mais comment refuser quelque attention à la procédure du *Divorce*, ce drame intime dont les péripéties multipliées, vous attachant sans cesse à votre client, vous immobilisent au moins à deux audiences de huis-clos et à deux audiences publiques, pour ne plaider à vrai dire que dans la dernière — l'audience du dénouement ? — J'ose à peine songer aux procédures d'appel qui peuvent ici se produire à chaque pas. — Déjà un décret a su établir devant les Cours la compétence de la

---

(1) M. le premier président Fabreguettes.

Chambre civile. Pour le surplus, un projet de loi nouveau, déposé par M. le ministre lui-même, est en discussion. Attendons respectueusement les solutions désormais prochaines.

Mais voici venir la *Réforme de la Procédure criminelle*. Elle organisera l'intervention de la défense dans toutes les phases de l'instruction. — Saluons et sachons louer ce généreux libéralisme appliqué aux choses les plus graves de la justice, et ce nouvel hommage rendu au principe impérissable que l'avocat représente. Mais quelle variété nouvelle, pour le défenseur, dans les horizons que son ministère lui ouvrira ! Et combien va s'élargir encore le cercle de son activité quotidienne !

C'est maintenant le tour de l'audience, — celle où l'on plaide. — Vous êtes prêt ; il faut être toujours prêt! Vous avez édifié votre système, combiné le fait et le droit, fixé les conclusions. Vous venez exposer et discuter.

Ici, vous collaborez avec le juge, un confident éclairé, qui a la sagacité et l'expérience ; qui vous écoute avec intérêt et vous comprend à demi mot, quand il ne vous devance pas. — Ici surgit pour le discours la question d'art, et pour l'orateur, la question des procédés et des méthodes.

L'une et l'autre sont devenues aujourd'hui, Messieurs, essentielles, vitales.

Longtemps, nous nous sommes plu à signaler comme glorieuse et suffisante à la fois, la victoire qu'avait su remporter l'Improvisation sur la plaidoirie manuscrite et sur l'usage du brevet. Et c'était justice. — Berryer consacra un jour cette transformation par un mot digne de lui : « *Je ne sais ni lire ni écrire.* » Cette devise expressive ne put sans doute s'adapter avec la même justesse au mérite de tous les orateurs ; — il y a des degrés ; — mais chacun essaya d'appliquer l'innovation de son mieux. Elle prospéra. Le progrès était considérable.

Une sage préparation, — des notes bien prises, — l'effort de la volonté et de la mémoire s'exerçant sur la parole, et le tempérament de l'orateur aidant, — ce nouvel art a rendu les plus éminents services. — On s'expliquait vivement ; le juge était sauvé de la fatigue. La réplique était possible et facile, à la condition d'être topique et sobre. — Ce fut l'ère des œuvres oratoires vraiment dignes de ce nom.

Aujourd'hui, mes chers confrères, l'improvisation elle-même, plus nécessaire que jamais dans son principe, semble devoir s'amender dans ses formes et se châtier dans ses développements.

Une exigence nouvelle s'est manifestée, — généralement d'ailleurs, et même en dehors de l'enceinte judiciaire. On lui demande la simplicité, et mieux encore la rapidité.

L'heure n'est plus à la rhétorique pompeuse ou lente. La valeur du temps lui est préférée. *Times is money*. C'est la Charte anglaise. — Donc plus d'apprêts, plus de vains atours. L'éloquence se présentera court vêtue, presque à la manière de l'idylle,

Telle qu'une bergère aux plus beaux jours de fête,
De superbes rubis ne charge point sa tête.

Bien mieux, le discours d'affaires veut emprunter, dirait-on, jusqu'à la physionomie des inventions du jour. Il va devant lui et coupe court, comme le rail ; — il sera rectiligne,... comme le fil électrique. — Telle s'annonce l'éloquence positive et mathématique.

Sans tomber dans les exagérations, la plaidoirie tend elle-même, — il serait vain de le dissimuler, — au laconisme et à un laconisme sévère.

Et pourquoi non, messieurs ?

L'art et le sentiment seront moins flattés sans doute. Mais qu'importe après tout, si l'intérêt général, et même la statistique, — deux régulateurs puissants, — y trouvent leur compte, si la durée des procès diminue et si l'œuvre de la justice reste la même ?

Dans ce système, la meilleure préparation pour

l'avocat, c'est l'assimilation encore plus puissante et plus étroite, disons la rude étreinte, de son sujet. — Il le domine, il le porte, il le mène, et il en disposera... selon l'évènement !

En abordant la barre, il devra, suivant le précepte de Voltaire, « avoir pris le temps d'être plus court », et surtout avoir mis l'effort voulu à son œuvre de concentration.

Le Barreau français, qui peut tant, ne redoute point cette épreuve. Il s'y prête volontiers, nous le voyons, et il s'y est à peu près formé. — Vous le suivrez dans cette voie sans hésiter, mes jeunes confrères ; — et je dirai presque : Tant mieux pour votre valeur ! Soyez vaillants !

Vous surtout, mes chers confrères; vous, laissez-moi l'ajouter, les enfants d'une terre privilégiée, qu'illustra dans tous les temps l'éclat des luttes judiciaires, au milieu même de bien d'autres grandeurs !

Toulouse peut ouvrir son histoire. Elle, cette Rome des Gaules, la métropole du droit écrit. Elle, le siège du plus ancien Parlement et de la plus vieille Université de province !

Vous vivez au milieu des monuments et des merveilles artistiques, qui dénoncent toujours son génie.

Toulouse peut montrer jusqu'aux splendeurs de

la nature qui l'environne, et qui fait d'elle encore une patrie pour l'inspiration et les belles pensées associées aux vives images.

On croirait que le fleuve lui-même porte dans ses flots l'éloquence. — A l'extrémité de son cours, ne s'appelle-t-il pas la Gironde ? — Et pensez-vous qu'il ait jamais caressé nos rives sans y laisser quelque chose de ses trésors ?

Qu'on le demande à nos annales, et à ce qui nous reste du vieux Palais parlementaire d'où sortirent les arrêts, souverains jusqu'aux portes de Lyon !

Qu'on le demande au temps présent, l'héritier doté des richesses et des traditions du passé !

Il y eut là une longue et puissante lignée d'orateurs, sortis de ce sol comme en sortaient les Poètes, — comme en sort encore aujourd'hui, toute armée pour ainsi dire, cette légion d'artistes que Paris nous emprunte et ne nous rend pas !

Aucune de ces semences ne s'est perdue. Aucune ne périra.

Toutes ces forces et toutes ces flammes sont en vous, mes jeunes confrères. Elles vous accompagnent à la barre. Vous les ferez paraître !

Mais à travers ces légitimes fiertés, une tristesse me gagne, dont je ne sais me défendre et que je ne puis taire.

Les évènements ont montré que l'Histoire ne crée plus de titres indélébiles.

La Cour de Toulouse a pu perdre ce que ses pareilles ont gardé, ce qu'une de ses voisines a gagné, la deuxième Chambre civile.

Si nos regrets sont profonds, il convient toutefois d'espérer qu'ils ne dureront pas.

Les chefs de la Cour daignèrent recevoir nos respectueuses doléances. Avec nous réclament, non seulement les gloires anciennes, le nom de la Cité, mais encore le vœu insistant des justiciables. Ces voix ne seront pas méconnues.

A côté des déceptions éprouvées, personne ne se dissimule, d'ailleurs, les difficultés.

Pour en avoir raison, nos Magistrats nous donnent le premier et toujours le plus noble exemple.

Ils rachètent généreusement, par un travail exceptionnel, l'atteinte portée au nombre.

Mais le nombre était, lui aussi, une grandeur. On ne nous pardonnerait pas de nous résigner en silence.

Aussi, mes jeunes confrères, vous plaiderez ardemment, avec vos anciens, toujours au prix du talent et du travail, devant la Cour et devant le Pays, la cause de la restitution ; et Dieu aidant, nous gagnerons encore ce procès !

Je viens de montrer, Messieurs, ce qui peut

changer à nos côtés. Je dois faire connaître, dans un rapide aperçu, ce qui pour nous ne change pas.

Je parle ici de nos devoirs et de nos droits.

Mes jeunes confrères,

Vos droits, respectables entre tous, et qu'il faudra toujours savoir défendre, vaudront dans vos mains ce que vous vaudrez vous-mêmes. Si leur principe reste au-dessus de la discussion, leur force dépend beaucoup des conditions et du mode de leur exercice.

Qu'ils s'appellent indépendance, liberté de la parole, ou de tout autre nom, ils constituent une liberté réglée,—*sub lege libertas*,—mais réglée surtout par les convenances, le goût et le tact. Vous ne tomberez jamais dans l'abus.

J'insisterai plus volontiers sur vos devoirs. L'idée du Devoir séduit davantage, même les esprits indépendants, pourquoi ne pas dire : surtout ceux-ci? —Elle présente, en effet, des aspects plus élevés. Le devoir, c'est le respect et l'amour de la règle. Combien il honore ses serviteurs !

Le Serment que vous prêtez et renouvelez devant la cour résume vos devoirs généraux.

Des devoirs naturels vous lient à vos *clients*, à

ceux qui firent acte de confiance en vous. — En dehors même du travail, vous leur devez le dévouement, l'humanité, la sympathie, le secret inviolable. Vous leur devez la fermeté, le courage dans la défense.

Ici, vos bâtonniers n'ont garde de laisser passer inaperçues les générosités de votre zèle. Ils sont vos premiers témoins, et il est juste qu'ils révèlent tout ce que vous donnez chaque jour, si libéralement, aux défenses d'assises et à celles de l'assistance judiciaire, ce que vous accordez même par un concours absolument libre cette fois, et d'autant plus méritoire dès lors, aux causes du petit criminel et à d'autres, sur notre simple invitation.

Il est pour vous des devoirs essentiels envers vos *confrères*. Vous devez le respect et la confiance aux *anciens, l'affection à tous !*

Que jamais, même sous prétexte de plaidoiries incisives, ou prétendues telles, la malice, ou une verve de mauvais aloi, ne vienne se substituer au développement normal de vos démonstrations. Evitez, écartez toute personnalité blessante, fût-ce même envers la partie adverse, à moins cette fois d'absolue nécessité.

Mais, qu'en aucun cas, un confrère ne soit désobligé ou molesté par votre discours. Ici, pas de parole agressive ou acrimonieuse ; vous vous exposeriez d'abord aux représailles, parfois redoutables. Mais un débat judiciaire ne saurait dégénérer en vulgaires querelles.

Surtout, il ne saurait appartenir à aucun de nous, en diminuant le légitime prestige d'un confrère, de compromettre sur sa tête le respect nécessaire à tous !

La Bienveillance, d'ailleurs, a tant d'attraits en elle-même. — Elle devient presque de l'égoïsme, puisqu'elle vous fait des amis !

Qu'une noble émulation vous anime ; — mais sachez vous préserver, mes jeunes confrères, de tout sentiment d'envie.

Il y a place pour tous au barreau : cette vérité, fort ancienne, est de plus en plus démontrée. — Chaque talent a son originalité, partant ses admirateurs dévoués. — Mais le talent doit savoir lui-même attendre l'heure de la maturité. Pas d'impatiences hâtives. La fidélité convaincue obtient toujours sa récompense. — Quant à l'envie, c'est une laideur de l'âme ; mais elle serait de plus un aveu d'infériorité incurable. Je n'aimerais pas cette forme de l'humilité !

Vous avez des devoirs à observer envers les Magistrats ; mais ils sont surtout la dette de la reconnaissance, pour l'honneur que la Magistrature accorde à notre institution, et pour la bienveillance dont elle ne s'est jamais départie envers le Barreau, dans la communauté d'origines et dans la communauté de travaux qui les rapprochent si étroitement.

Dupin cite un vieil auteur, Jean Desmares, qui écrivait en 1372, dans le français barbare de cette époque reculée : « *Que li advocats doivent acqué-rir et garder l'amour du judge.* » — Le temps, vous le voyez, a du moins consacré et conservé ceci.

Votre vénération, vos meilleurs procédés, sont nécessairement acquis à ceux dont l'office est de nous entendre et de nous écouter. Ils vous rendront toujours, en bonne grâce et en aménité, ce que vous leur montrerez de déférence et de dévouement. Il ne faut pas, toutefois, mes jeunes confrères, les laisser tomber en avances.

Vous ne sauriez, enfin, vous croire exempts de devoirs envers vous-mêmes. L'art de la parole est merveilleux. Il sera l'instrument nécessaire de la pensée qui sans doute vous agite. Mais il ne se donne pas... « *Fiunt oratores.* » — Il faut lui demander et mériter ses faveurs.

Suivez donc les audiences. Vous y trouverez, aujourd'hui comme autrefois, des modèles illustres et aimés. Vous vous inspirerez d'eux.

Dans une autre sphère, à la Conférence du stage, celle-là même dont l'inauguration nous rassemble aujourd'hui, vous aurez l'inappréciable avantage de vous mouvoir personnellement et de vous former en famille par d'heureux et intimes essais. Veuillez vous y rendre avec l'assiduité loyale et exacte que recommandent nos règles.

Si vous saviez quel sentiment profond j'apporterai, pour ma part, dans la direction de vos travaux ? — J'avais un fils ! Dieu me l'a repris ! Il serait aujourd'hui des vôtres. Plusieurs d'entre vous furent ses amis ! je serais son bâtonnier ! — Il m'arrivera parfois de poursuivre encore son image au milieu de vos jeunes fronts,.. et je croirai ressaisir en vous quelque chose de ce qu'en lui j'ai perdu ! Je vous serai donc fidèle !

Mais la page douloureuse n'est pas fermée. La Mort, cette messagère des leçons d'en haut, frappe toujours des coups redoublés et rapides, autour de nous et parmi nous !

La famille du Barreau a perdu, cette année, Gustave Doumeng.

Inscrit au tableau des avocats depuis 1829, Doumeng y franchit largement l'ère même des Noces d'or. Il mourut Doyen de l'Ordre.

Fils d'un estimable officier ministériel attaché anciennement au tribunal de commerce de Toulouse, il fut livré de bonne heure à l'étude des lois et spécialement du droit commercial.

Il en advint que sa carrière s'est écoulée en très grande partie devant la juridiction consulaire, où ses plaidoiries furent toujours très goûtées.

Il se montra d'une assiduité exemplaire aux audiences. Aussi, il conquit bien vite une clientèle nombreuse. Disons mieux, il fut conquis par elle.

J'ajouterai, sans trop de témérité, je l'espère, qu'il eut l'honneur d'être souvent consulté par les juges de ce siège, pleins de confiance dans ses lumières.

Cette situation n'empêcha pas Doumeng d'être, au milieu de ses confrères, honoré pendant dix ans de l'élection au conseil de l'Ordre. Après quoi il refusa lui-même la candidature, voulant que chacun eût son tour.

Sa probité fut toujours scrupuleuse. Il fut l'avocat laborieux et consciencieux entre tous.

Il avait la connaissance intime des affaires. Il possédait un vrai talent d'exposition et une verve de la meilleure nature.

Doumeng se vit appelé à rendre d'importants services dans une administration féconde en tâches méritoires, — celle de la ville de Toulouse. — Il y figura comme adjoint, dans la période, notamment des grandes expropriations, où l'utilité de son concours fut marquée. Aussi la décoration vint-elle récompenser en lui tout à la fois l'édile et le jurisconsulte distingués.

Un travail persévérant, fécondé par l'esprit d'ordre et d'économie le plus austère, lui permit de fonder, à côté du patrimoine de famille, une importante fortune. Il en a fait, à sa mort, un noble usage. Les œuvres de bienfaisance, mûrement conçues, le disputent dans son testament à de larges œuvres pies. Il laisse à l'Ordre ce qui est la meilleure part de lui-même, l'exemple d'une carrière dignement remplie, et une mémoire qu'entourent tous nos respects.

Il y a quelques jours à peine, nous rendions les derniers devoirs à Elzéar Garrigue.

Ce confrère nous quitte sans avoir encore vieilli, mais non sans avoir accusé son mérite.

Il ne déserta jamais le culte ni la pratique du droit. Il le servit sous diverses formes, toujours avec d'heureuses aptitudes.

En somme, il appartint constamment à la justice.

Son père, honorable officier de marine, descendait d'ailleurs d'anciens officiers de judicature.

Inscrit au tableau des avocats en 1848, après les études les plus sérieuses commencées à Toulouse, continuées à Paris, Garrigue chercha quelque temps sa voie définitive. Mais il s'est montré fidèle à l'Ordre dans ses retours, autant peut-être que d'autres dans un attachement persistant.

L'Ordre ne lui mesura jamais son accueil hospitalier et cordial.

Les avoués de la Cour le connurent comme confrère après l'avoir connu comme avocat. Il nous revint.

Les évènements, qui, de nos jours, ont emprunté au barreau tant d'hommes de valeur pour les appliquer aux fonctions publiques, l'appelèrent une première fois dans la magistrature. Il y rendit d'abord d'utiles services comme juge de paix d'un canton où il était grand propriétaire et bien connu de toute la population.

Il nous revint encore et désormais pour ne plus nous quitter, malgré que la magistrature l'ait revendiqué de nouveau auprès de nous.

Il put tout concilier, cette fois, par l'acceptation du titre de juge suppléant au tribunal civil de Toulouse, compatible, celui-ci, avec son maintien au tableau de l'Ordre et avec le titre d'avocat, qui lui était particulièrement cher.

Dans les phases diverses d'une existence si complète, il se montra toujours dignement laborieux et éclairé, appliqué aux affaires, plein de sollicitude, tour à tour, pour ses clients et pour ses justiciables.

Loin de redouter l'étude, il en poursuivait ardemment les bienfaits.

Quant à nous, après avoir apprécié en leur

temps ses plaidoiries, nous écoutions en dernier lieu, avec le plus vif intérêt, ses conclusions d'audience, toujours consciencieuses et préparées avec un soin qu'ont révélé ses manuscrits et ses notes, retrouvés depuis sa mort.

Le commerce des lettres ne lui était pas étranger, pas plus que le goût artistique et même le désir bien accusé de s'instruire toujours.

De ces tendances on rencontrait le reflet dans sa conversation et jusque dans ses réquisitoires.

C'est vous dire, messieurs, que sa fréquentation était agréable, digne même qu'on la recherchât, et que sa bonne grâce lui avait acquis des amis nombreux.

Essayons cependant de revivre. — L'Ordre a souscrit à d'autres séparations, mais celles-ci moins cruelles, puisqu'elles ne s'imposent pas.

Je ne puis relever ici toutes les désignations dont M. le garde des sceaux a daigné honorer récemment le barreau de Toulouse, pour le service de la magistrature.

Vous me permettrez toutefois, messieurs, de signaler celle de M. Ressayre, qui appartenait au conseil de l'Ordre lorsqu'il reçut le titre de président du tribunal civil de Moissac ; — et celle de M. Louis Bermond, aujourd'hui juge suppléant à Muret, que son nom oblige deux fois, je veux le rappeler, — par le souvenir que le président Bermond, son père, a laissé à la Cour, — et par les mérites élevés que Paul Bermond, son oncle, a longtemps montrés au barreau d'Albi.

Je touche enfin à l'accomplissement du devoir préféré, la présentation de nos lauréats.

L'Ordre a décerné en premier lieu le prix légué par Fourtanier.

Encore une mémoire que vous voudrez, messieurs, honorer avec moi d'une pensée pieuse. Vous savez ce que l'Ordre lui doit de sympathie et de reconnaissance. — Pour mon humble part, je ne sépare pas de son souvenir le grand honneur qui m'a touché aujourd'hui. C'est à lui que je le reporte !

J'ai la fortune vraiment rare de pouvoir, aujourd'hui même, proclamer deux fois l'attribution de la récompense qu'il a fondée.

Le conseil de l'Ordre eut en effet, cette année, pour appliquer les distinctions dont il dispose, l'heureux embarras du choix, devenu fort délicat par moments. Deux émules, égaux en titres, bien que de talents divers, disputaient vaillamment la première.

Le Conseil, entraîné successivement de chaque côté, a fini par déserter la jurisprudence de Salomon, et, au lieu de se résigner à mutiler la noble médaille, il lui a créé une sœur,— à titre tout exceptionnel ! — J'ai donc l'honneur de vous présenter ici deux lauréats jumeaux :

Mᵉ Paul Bressolles, en qui nous avons retrouvé le lauréat du prix Rossi, couronné en 1884 par la Faculté de droit de Paris, pour son remarquable ouvrage sur les *Dons manuels*. Ce juriste si distingué et si précoce ne pouvait se démentir dans nos travaux ;

Et Mᵉ Peyrusse, dont les essais oratoires, franchissant de bonne heure l'enceinte de la Conférence, avaient fait déjà de brillantes preuves aux audiences de la Cour et du Tribunal, même à celles d'un tribunal voisin.

Vous allez juger vous-mêmes, en les écoutant, nos orateurs chargés de prononcer l'*Eloge* et la *Dissertation*, Mᵉ René Tortat et Mᵉ Joseph Granié.

Mais ce n'est pas tout, et le conseil de l'Ordre, regrettant plus que jamais de ne pas disposer cette fois de récompenses en nombre égal à celui des mérites reconnus, a recommandé au Bâtonnier de vous signaler, comme fort dignes à leur tour, les stagiaires suivants :

  MMᵉˢ Edouard Campagnole,
    Elie Derrouch,
    Alfred Doumet,
    Eugène Margier.

Cette mention très honorable de leurs noms, ainsi faite devant vous, Messieurs, doit être pour eux, dans la pensée de l'Ordre, une désignation des plus enviables.

Voici donc une année privilégiée qui mériterait, en vérité, d'être proposée comme type à la Conférence du stage.

Monsieur le premier président,
Messieurs,

L'Ordre des avocats s'applaudit d'avoir pu vous présenter, sous des formes aussi heureuses, son remerciement, toujours vif, pour l'honneur qu'il recueille de votre présence à cette solennité.

Imprimerie F. TARDIEU, rue du May, 1, Toulouse.

www.ingramcontent.com/pod-product-compliance
Lightning Source LLC
Chambersburg PA
CBHW060729050426
42451CB00010B/1691